AF203803

www.tredition.de

Peta Panta

Die Verschwörungslüge

Wie die Politik jede Corona-Kritik

durch gedungene Verschwörungstheoretiker

unwirksam macht

www.tredition.de

© 2020 Peta Panta

Verlag und Druck:

tredition GmbH, Halenreie 40-44, 22359 Hamburg

ISBN
Paperback: 978-3-347-15646-3
Hardcover: 978-3-347-15647-0
e-Book: 978-3-347-15648-7

Inhalt

Zur Einführung:

Ein Beispiel, wie sie funktioniert

Die Gewaltenteilung von Gesetzgebung (Legislative), Rechtsprechung (Judikative) und Regierung (Exekutive) stellt die Grundlage unserer demokratischen Gesellschaftsstruktur dar – das lernen heute schon Haupt- und Realschüler in der 9. Klasse. In späteren Lernschritten kommen dann gegebenenfalls noch die Parteien und Medien als vierte und fünfte Gewalt hinzu, deren Funktion nicht zuletzt auch in der Überwachung und Sicherung der Gewaltenteilung besteht. Deshalb wird eine antidemokratische Aufhebung der Gewaltenteilung praktisch immer auch zumindest von dem Versuch der Gleichschaltung von Parteien und Medien begleitet. Eine derartige Gleichschaltung kann plötzlich, zum Beispiel durch einen militärischen Putsch, geschehen; aber auch schleichend, indem (rechts-) populistische

Autokraten durch demokratische Wahlen an die Macht kommen und diese zur Veränderung der Gesellschaft in Richtung auf eine diktatorische Grundstruktur betreiben.

Es ist dies die Variante, die am Beginn des 21. Jahrhunderts offensichtlich eine besonders virulente Gefahr für die westlichen Demokratien darstellt, wie vor allem die Entwicklungen in den osteuropäischen Ländern nahelegen. Allerdings gibt es noch eine andere, aktuellere Version von Gleichschaltung, die ironischerweise gerade in jenen Ländern um sich greift, die besonders laut die antidemokratische Dynamik vonseiten des autokratischen Rechtspopulismus beklagen. Es geht hier darum, dass die Corona-Pandemie von einer antidemokratischen Koalition aus Politik und Medien zur Einschränkung der demokratischen Grundrechte genutzt wird. Das ist eine Form von Gleichschaltung, in der das Grundrecht auf persönliche Unversehrtheit dazu benutzt wird, andere Grundrechte wie Versammlungs-, Demonstrations- und Meinungsfreiheit praktisch auszuhebeln. Nun hat sich die demokratische Grundstruktur in Deutschland nach dem zweiten Weltkrieg allerdings so gefestigt, dass ein Aushebeln von Grundrechten nicht ohne Widerstand durchzuführen ist. Um diesen Widerstand zu brechen, wendet die Gleichschaltungskoalition einen perfiden Trick an: sie etabliert so unrealistische Übertreibungen der Widerstandskritik, dass diese als Sammelsurium von Verschwörungstheorien diffamiert und unwirksam gemacht werden kann. Das Perfide besteht darin, dass all diese Verschwörungstheorien eine einzige Verschwörungslüge sind, um den demokratischen Widerstand gegen die gleichgeschaltete Abschaffung von demokratischen Grundrechten als abseitig und unsinnig erscheinen zu lassen.

Das Prinzip dieser Verschwörungslüge lässt sich an einem einfachen Beispiel verdeutlichen. Am 1. August 2020 gab es in Berlin eine Demonstration gegen die überzogenen Regelungen zur Eindämmung der Corona-Pandemie, die eben nicht zuletzt mit einer Beschränkung demokratischer Grundrechte verbunden sind. Über das quantitative Ausmaß dieser Demonstration entstand im Nachhinein ein von allen Medien aufgegriffener Streit zwischen der Polizei und den Veranstaltern. Während die Polizei als Größe der Demonstration ca. 20.000 Teilnehmer angab, waren es nach Veranstalterangaben mindestens eine Million. Wie kann es zu solch unterschiedlichen Angaben kommen? Nun, die Antwort ist letztlich ganz simpel. Die Polizei hat sich natürlich nicht an den Straßenrand gestellt und jeden einzelnen Teilnehmer gezählt, sondern sie hat eine Schätzung aufgrund der Länge des Demonstrationszuges errechnet. Sie geht also z.B. von einer geschätzten Fläche aus und berechnet aufgrund der Belegung dieser Fläche durch Demonstrationsteilnehmer die Gesamtanzahl der Teilnehmenden. Entscheidend ist dabei selbstverständlich eben diese Belegungsgröße. Dabei sind die zuständigen Polizeidienststellen ersichtlich nach dem Prinzip vorgegangen, das kurz zuvor gerade von dem für die Polizei zuständigen Innenminister (Seehofer) noch einmal explizit festgehalten worden ist. Anlass für diese Prinzipienfestlegung war die Frage, ob es in der deutschen Polizei ähnliche rassistische Voreinstellungen (vor allem gegen Farbige) gibt, wie sie kurz zuvor wieder einmal bei der amerikanischen Polizei offenbar geworden waren. Um diese Frage zu beantworten, war eine systematische empirische Studie vonseiten eines renommierten wissenschaftlichen Forschungsinstituts einer deutschen Universität im Gespräch. Die Notwendigkeit einer solchen Untersuchung ist vom Innenminister (am 7.7.2020) mit der Begründung abgelehnt worden, dass es zu den Dienst-

pflichten der Polizei gehört, keine rassistischen Voreinstellungen zu haben. Das Prinzip also: ‚Was nicht
sein darf, das nicht sein kann!‘ Nun weiß schon der
Volksmund: ‚Wie der Herr, so's Gescherr!‘ Wieso
sollte also die Polizei anders verfahren? Konsequenz: Man nehme eine Länge von ca. 4.000 Metern
bei einer Straßenbreite von ca. 6 Metern und einen
Abstand von mindestens 1,5 Metern zwischen den
Teilnehmern an. Letzteres war ja durch die Corona-
Regeln vorgeschrieben – was nicht sein darf... Das
bedeutet, vier Teilnehmer brauchen (mindestens)
eine Fläche von 1,5 mal 1,5 qm, also eine Fläche von
mindestens 2,25 qm, an dessen Ecken sie stehen.
Allerdings bilden dabei je zwei Teilnehmer auch
wieder eine Seite der anliegenden Quadrate, so dass
auf ca. 25 qm nur 20 Teilnehmer passen. Wenn man
mit diesem Wert die Fläche des Demonstrationszuges auf die Teilnehmeranzahl hochrechnet, kommt
man in der Tat ganz schnell und einfach auf die ge-
nannten ca. 20.000 Teilnehmer!

Nun muss man sich allerdings nur einige Fotos
und Videos der Demonstration anschauen, um festzustellen, dass die Teilnehmer keineswegs den vor-
geschriebenen Mindestabstand von 1,5m eingehal-
ten haben. Dieses Faktum ist eigentlich auch über-

haupt nicht überraschend, weil sie ja nun einmal gerade gegen die Regelungen protestieren, von denen die Abstandsregel ein Teil ist. Zudem ist auch zu sehen, dass die durchschnittliche Breite der Straßen, auf denen sich der Demonstrationszug bewegt hat, eher 12 als 6 Meter betrug. Wenn man auf diese Weise eine größere Fläche als realistisch ansetzt und zudem einen Abstand zwischen den Teilnehmern von 50 Zentimeter (und unwesentlich größer) unterstellt, kommt man sehr schnell in eine geometrische Reihe, die bekanntlich der neunjährige Gauss bereits als Formel entwickelt hat. Aber solche Bildungskenntnisse sind ersichtlich nicht Sache des Polizeiministers und seiner Mannen (na ja, um politisch korrekt zu sein: und seiner Männinnen)! Wenn man aber mit solchen realistischen Zahlen rechnet, erreicht man sehr wohl die von den Veranstaltern angegebene Größe von einer Million Teilnehmern (bzw. sogar darüber)!

Diese Rechtfertigung der von den Veranstaltern angegebenen Teilnehmerzahlen hat es so nicht gegeben, nicht einmal im Netz. Sie ist hier bloß als eine Möglichkeit ausgearbeitet, um das Prinzip der sog. Verschwörungstheorien zu verdeutlichen. Denn diese Rechtfertigung besteht aus einer Kombination von korrekten Fakten und inkorrekten Argumenten, die in aggressiv-offensivem Diskussionsstil zu einer Übertreibung als Schlussfolgerung führt. Historisch korrekt ist selbstverständlich das Zitat des bundesdeutschen Innenministers in Bezug auf eine mögliche wissenschaftliche Studie zum rassistischen Profiling in der deutschen Polizei. Allerdings wird dieses Faktum spekulativ auf einen anderen Problembereich verschoben, hier die Berechnung von Teilnehmerzahlen einer Demonstration, ohne dass außer einer Redewendung eine zureichende Begründung dafür greifbar ist. Stattdessen wird eine Alternativrechnung aufgemacht, die mit scheinbar wissenschaftlichem Anspruch auf eine Rechenoperation zurückgreift, die mit dem Namen des prominenten Mathematikers Gauss verbunden wird. Auf diese Weise wird die Schlussfolgerung einer falschen Berechnung durch die Polizei mit einem wissenschaftlichen Anstrich versehen, der sich jedoch nur aus der scheinbaren Plausibilität der mathematischen Fachtermini und des bekannten großen Namens (Gauss) speist. Dabei würden schon ein paar schnelle und einfache Klicks auf der Suchplattform Google reichen, um festzustellen, dass es sich bei der angeführten Formel des neunjährigen Gauss nicht um eine geometrische Reihe, sondern um die Summenformel für eine arithmetische Reihe handelt. Die fehlende Argumenttiefe und -korrektheit wird an dieser Stelle durch den offensiv-aggressiven Ton der Behauptungen überspielt, durch den stereotype Assoziationen und Bewertungen der Adressatengruppe (vgl. die Ironisierung von gendergerechter Sprache: ‚Männinnen') aufgerufen werden: mit dem Resultat eines ‚Wir'-Gefühls, das irgendwelche genaueren Überprüfungen der ‚Argumentation' völlig überflüssig erscheinen lässt. Für die Wir-Gruppe ist damit die Überlegenheit der eigenen Überzeugung gegenüber allen anderen Uneinsichtigen unzweifelhaft, auch und gerade wenn und weil sich die ‚Anderen' in der Mehrheit befinden. Für diese Mehrheit allerdings sind die spekulativen Übertreibungen, Argumentationslücken und kontextverzerrenden Rückgriffe auf Daten und Ereignisse dermaßen offensichtlich, dass die damit operierenden Positionen nur als Verschwörungstheorien wahrgenommen und klassifiziert werden können.

Der entscheidende Punkt ist dabei, dass auf diese Weise jegliche Corona-Kritik unabhängig von der quantitativen Größe der Demonstration desavouiert wird. Selbst wenn die von der Polizei angegebene

Zahl von 20.000 Teilnehmern korrekt ist, sollte es eigentlich qualitativ auf die inhaltlichen Argumente ankommen und nicht primär auf die Zahl ihrer Verfechter. Indem aber die überzogene Rechtfertigung der quantitativen Frage Merkmale einer Verschwörungstheorie aufweist, wird die Corona-Kritik insgesamt als abseitig und unsinnig dargestellt. Die Überziehung jeglicher Kritik in Form von Verschwörungstheorien dient also letztlich der Gleichschaltung der öffentlichen Meinung in Richtung darauf, dass die zur Beherrschung der Pandemie eingeführten Beschränkungen der demokratischen Grundrechte alternativlos sind. Paradoxerweise nutzen die Verschwörungstheorien also gerade der Entwicklung, die sie zu bekämpfen vorgeben: nämlich der Gleichschaltung der öffentlichen Meinung und der Aufhebung bürgerlicher Grundrechte. Deshalb besteht die eigentliche Verschwörung gerade in der Lancierung und Etablierung dieser Verschwörungstheorien. Das ist die Verschwörungslüge, die hier aufgedeckt werden soll: dass die Politik und die Medien sich zusammengetan haben, um mehr oder minder prominente Protagonisten anzuwerben, die verschiedene Richtungen von Corona-Kritik so überziehen, dass diese als unsinnige Verschwörungstheorien von der

Mehrheit der Bevölkerung abgelehnt werden. Indem die gedungenen Verschwörungstheoretiker durch unsinnige Überziehung von Kritikaspekten den kritischen Impetus insgesamt in Misskredit bringen, verhindern sie die Frage nach der Verhältnismäßigkeit der Mittel. In Absetzung von den absurden Verschwörungstheorien scheint jedes Mittel zur Beherrschung der Pandemie sinnvoll und verhältnismäßig. Verschwörungstheorien werden daher von der Politik und den Medien eingesetzt, um jeglichen Widerstand gegen die Beschränkung der demokratischen Grundrechte im Keim zu ersticken. Allerdings können sie selbstverständlich nicht selbst diese Theorien in die Welt setzen, gegen die sie sich ja vorgeblich zum Schutz der Bevölkerung wehren müssen. Also müssen sie im Geheimen entsprechende Verfechter anwerben, die ihren (anscheinend) ,guten Namen' für die Sache der Propagierung und Etablierung der Verschwörungstheorien hergeben.

Es wird im Folgenden also weniger darum gehen, bei den unterscheidbaren Varianten von Verschwörungstheorien die ungerechtfertigten Überziehungen der Argumentation nachzuweisen. Dazu gibt es bereits genügend Analysen, so dass jeweils die wichtigsten Stichworte ausreichen. Um die eigentliche Verschwörungslüge aufzudecken, muss man die Protagonisten dieser Verschwörungstheorien ins Auge fassen und plausibel machen, warum und in welcher Weise sie sich für dieses perfide Spiel der Aufstellung und Propagierung vorgeblicher Verschwörungstheorien haben gewinnen und instrumentalisieren lassen. Genau das ist das Ziel der folgenden Analysen.

Die allgemeine Leugnungsthese:

Covid-19 ist eine vergleichsweise normale Grippe

Die einfachste Verschwörungstheorie besteht darin, die Corona-Pandemie schlicht zu leugnen. Danach ist Covid-19 völlig vergleichbar zu einer normalen Grippewelle, die durch Influenza-Viren verursacht wird. Diesmal sind es eben nur Corona-Viren, die im Prinzip auch längst bekannt sind. Da sich diese These scheinbar völlig eindeutig durch augenfällige Daten belegen lässt, hat sie unter allen Verschwörungstheorien auch die meisten Anhänger.

Letztlich werden zur Begründung lediglich drei Argumentationsfiguren verwendet. Die erste ist die verzerrende Selektion von Daten, d.h. die Herausstellung bestimmter passender Vergleichsdaten in Verbindung mit der Nicht-Berücksichtigung entgegengesetzter Belege. Als positiver Beleg für die Vergleichbarkeit zu einer ‚normalen Grippe' lässt sich vor allem anführen, dass die weitaus größte Mehrzahl der Infizierten (mindestens 80%) keine Krankheitssymptome zeigt oder nur einen sehr leichten Krankheitsverlauf aufweist. Für den daraus abgeleiteten Schluss, dass also keine größere Gefährlichkeit als bei der üblichen Influenza-Grippe vorliegt, werden gleich mehrere Aspekte unterdrückt: nämlich dass es anders als bei der Influenza-Grippe keinen Impfstoff gibt, dass deshalb auch in der Bevölkerung keine vergleichbare Immunität vorliegt und dass sich daraus auch der exponentielle Anstieg der Infektionszahlen ergibt.

Die zweite Argumentationsfigur, die für die meisten Anhänger den überzeugendsten Beleg darstellt, ist das, was in der Wissenschaft Präventionsparadox genannt wird. Aufgrund der Diagnose einer weltweiten Pandemie und der Gefährlichkeit des Virus haben die Regierungen Abwehrmaßnahmen (von Hygieneregeln bis zu einem zeitweisen Lockdown des öffentlichen Lebens) ergriffen; deren Wirkung ist dann durchaus an Daten ablesbar, die der Situation bei einer normalen Grippewelle entsprechen. Insbesondere ist dadurch die Überlastung des Gesundheitssystems bei der Behandlung Schwerstkranker (zu beatmender Patienten) vermeidbar. Die Verschwörungstheoretiker berücksichtigen diese Präventionsbemühungen aber nicht und ziehen aus der (partiellen) Beherrschung des Infektions- und Erkrankungsgeschehens den Schluss, dass es sich gar nicht um eine gefährliche Pandemie handelt. Da die Daten bei einem rein beschreibenden, oberflächlichen Blick ohne die Einbeziehung der Ursachen in der Tat vergleichbar sind, führt das Präventionsparadox gerade bei denen, die einfache und sichere Antworten auf gesellschaftliche Probleme erwarten, zu einer großen Akzeptanz der Pandemie-Leugnung. Nicht zuletzt auch deshalb, weil durch die Präventionsmaßnahmen die statistische Anzahl der Todesfälle im Vergleich zu vergleichbaren Zeiträumen der Vorjahre nicht größer ist, d.h. es liegt keine ‚Übersterblichkeit' vor. Das gilt allerdings z.B. für Deutschland, nicht aber für Regionen, in denen vergleichbare Präventionsmaßnahmen (noch) nicht getroffen werden konnten, weil sie vom Auftreten des Virus früher und damit unvorbereiteter getroffen worden sind: wie z.B. Italien und Spanien.

In diesem Fall greift dann die dritte Argumentationsfigur, bei der spekulativ irgendwelche Zusatzbedingungen eingeführt werden, durch die z.B. die regionale Übersterblichkeit verursacht sein soll. Im Falle von Italien und Spanien soll das etwa die höhere Luftverschmutzung sein, die für die Schwere der von Covid-19 ausgelösten Lungenerkrankung verantwortlich gemacht wird. Hier besteht der Trick darin, dass man durchaus vorhandene wissenschaftliche Untersuchungen als Ausgangspunkt nimmt, in denen eine verstärkende Wirkung von Luftverschmutzung auf Covid-19-Verläufe nachgewiesen wird. Allerdings wird dabei nicht die Stärke dieser Wirkung berücksichtigt, die auch bei einem statistisch signifikanten Ergebnis sehr gering sein kann (in wissenschaftlicher Terminologie: die sog. Effektstärke). Es werden also mit dem Anschein wissenschaftlicher Dignität phantasievoll zusätzliche Bedingungen behauptet, die derartige (jenseits des Präventionsparadoxes auftretenden) Negativdaten wegerklären (sollen). Diese drei Argumentationsfiguren lassen sich je nach Datenlage so gewichten und kombinieren, dass für viele der Anschein einer wohlbegründeten Position entsteht.

Ähnlich wie bei dem fiktiven Eingangsbeispiel braucht es allerdings nicht einmal eine besonders aufwendige Anstrengung, um mit einer Berücksichtigung des internationalen Gesamtbilds die Über- und Untertreibungen dieser Verschwörungstheorie zu erkennen. In Bezug auf das Präventionsparadox reicht ein Blick auf diejenigen Länder, in denen die Regierungen selbst dieser Verschwörungstheorien anhängen: Sowohl die Infektionszahlen als auch die Rate der Übersterblichkeit sprechen hier eine deutliche Sprache. Und hinsichtlich der verzerrenden Selektion von Daten bzw. der spekulativen Wegerklärung von unliebsamen Resultaten muss man nur die offiziellen virologisch-epidemiologischen Institute der wichtigsten Industrieländer konsultieren, um geprüfte, belastbare Statistiken zu erhalten. Letztlich ist also nicht die (Un-)Begründetheit der Verschwörungstheorie das zentrale Problem, sondern die Frage, wer sich zur Propagierung einer solchen unqualifiziert-verzerrenden Position hergibt bzw. andersherum: Wer von der Politik mit Erfolg zu dieser Propagierung herangezogen worden ist. In Deutschland sind hier vor allem die beiden Mediziner Wolfgang Wodarg und Sucharit Bhakdi zu nennen.

Dr. med. Wolfgang Wodarg ist interessanterweise SPD-Mitglied und war von 1994 bis 2009 SPD-Bundestagsabgeordneter. Außerdem gehörte er seit 1999 der Parlamentarischen Versammlung des Europarats an und hat in beiden Funktionen zahlreiche Schriften zu aktuellen Gesundheitsproblemen sowie zu Entwicklungen des Gesundheitssystems verfasst. Aufgrund seiner drei Facharztqualifikationen (Pneumologie, Hygiene-Umweltmedizin und Gesundheitswesen-Sozialmedizin) war er ein sichtbarer und anerkannter gesundheitspolitischer Sprecher sowohl auf der bundes- wie europapolitischen Ebene. Seit März 2020 gehört zu den prominentesten Vertretern der Position, dass es in Wirklichkeit gar keine Covid-19-Pandemie gibt, sondern dass es sich nur um eine von der Regierung und den gewinnsüchtigen Pharmafirmen geschürte Panikmache handelt. Diese Position vertritt er mit großem Erfolg in den sozialen Medien, nicht nur, aber in erster Linie auf Youtube und einer außerordentlich umfangreichen Webseite mit einer Fülle von Grafiken und eigenen sowie gleichgerichteten Schriften aus der Feder anderer. Damit stellt er sich in ausgesprochen aggressiver Weise gegen die Regierungspolitik der eigenen Partei.

Hier fühlt man sich unwillkürlich an den ähnlich gelagerten Fall des ehemaligen SPD-Finanzsenators von Berlin, Thilo Sarrazin erinnert, der sich mit dem Islam-feindlichen Buch ‚Deutschland schafft sich ab' (2010) ebenfalls gegen die Politik der eigenen Partei gewandt hat. Nun hätte sich die SPD von diesem rechtspopulistischen Machwerk nach dem Motto ‚Mein Krampf' einfach distanzieren können, es gegebenenfalls auch noch als rein private Stimmungsmache und ‚echte Räuberpistole' kritisieren können. Aber das tat sie mitnichten, sondern sie strengte umgehend ein Parteiausschlussverfahren an. Diese Reaktion ist im Falle Wodarg allerdings bezeichnenderweise unterblieben. Der aktuelle gesundheitspolitische Sprecher der SPD-Bundestagsfraktion, Prof. Lauterbach, der als Epidemiologe auch besonders qualifiziert ist für Pandemieprobleme, hat lediglich die Ausführungen von Wodarg als ‚echte Räuberpistole' bezeichnet. Und das war's dann auch schon. Kein Parteiausschlussverfahren, sondern lediglich genussvolle Kontrastierung der eindeutig qualifizierteren Regierungsposition mit den Verschwörungsthesen des nicht ehemaligen, sondern immer-noch-SPD-Mitglieds Wodarg. Ein Schelm, wer Böses dabei denkt. Aber kann es eigentlich noch einen stärkeren Indikator dafür geben, dass hier das SPD-Mitglied Wodarg von der Partei eingekauft worden ist, um die Leugnungsthese lautstark und medienwirksam zu vertreten, auf dass sich die (Regierungs-)Politik mit ihrem Corona-Management als Hort aller Rationalität und Kompetenz stilisieren kann?

Wer trotzdem noch weitere Argumente braucht bzw. sucht, wird leicht fündig. Wenn man sich einmal in die Situation einer Regierungspartei versetzt, die für eine Verschwörungslüge einen anscheinend gut qualifizierten Kollegen sucht, der die Rolle des Verschwörungstheoretikers gut übernehmen kann: dann drängt sich der Kollege Wodarg geradezu auf, hat er sich doch auch schon 2009 als Gegner gegen die Schweinegrippe-Impfung einen Namen gemacht. Schon damals hat er in der Wortwahl ('einer der größten Medizinskandale des Jahrhunderts') die Neigung zu verbalen Dramatisierungen erkennen lassen, die für Verschwörungstheoretiker absolut symptomatisch ist. Also musste er für die Verantwortlichen auf der Suche nach einem Verschwörungstheoretiker gegen die Covid-19-Pandemie unweigerlich die erste Wahl sein. Es ist deshalb sicherlich höchst berechtigt, davon auszugehen, dass die Regierung an erster Stelle auf ihn bei der geplanten Absprache zur Etablierung von Leugnungstheoretikern zugekommen ist. Und warum hätte er einen solchen Vorschlag auch nicht annehmen sollen. Dieses Ansinnen erlaubte ihm mit Billigung der Institutionen auf höchster politischer Ebene seine Neigung zu verschwörungstheoretischem Denken (und Fühlen!) fortzusetzen. Verbunden mit der Aussicht auf ein erhebliches mediales Echo, wie es dann ja auch in exorbitantem Ausmaß eingetreten ist. Wer hätte einer solchen Versuchung widerstehen können? Der Lebenslauf des Dr. med Wolfgang Wodarg gibt jedenfalls keinerlei Hinweis darauf, dass er einem solchen mephistophelischen Pakt hätte abgeneigt sein können!

Von der Politik aus besteht das Hauptinteresse beim Einsatz der Verschwörungstheorien naturgemäß darin, dass sie nicht nur als unsinnig, sondern auch als gefährlich wahrgenommen werden. Wegen des Präventionsparadoxes ist das rein gesundheitspolitisch für viele nicht unmittelbar einsichtig. Deshalb liegt es nahe, gerade auch die Leugnungstheorie in Verbindung zu ganz grundsätzlicher, umstürzlerischer Systemkritik zu bringen. Dieser Strategie entsprechen die Aktivitäten von Dr. Wodarg in geradezu optimaler Weise. Neben den Videos auf der eigenen Webseite vertritt er seine Thesen ebenfalls immer wieder auf Plattformen, die auch über Covid-19 hinaus für destruktive Extrempositionen bekannt sind. Eine mit besonders großer Reichweite ist der Youtube-Kanal KenFm, der von dem (mittlerweile selbstständigen) Journalisten Ken Jebsen betrieben wird (er wird später bei den Erklärungstheorien noch einmal auftauchen). Dieser Youtube-Kanal geht auf eine Hörfunksendung zurück, die Jebsen als Angestellter des Rundfunksenders RBB (Radio-Berlin-Brandenburg) von 2001 bis 2011 moderiert und produziert hat. Es war eine Sendung, die sich in erster Linie an Jugendliche gewandt und aktuelle (auch politische) Themen in unterhaltender Form präsentiert hat. Dabei zeigte Jebsen auch innerhalb dieser Sendung bereits einen Hang zu Verschwörungstheorien. So behauptete er zum Beispiel, dass die Terroranschläge vom 11.9.2011 auf das New Yorker World Trade Center von den Amerikanern selbst inszeniert worden seien, um durch die folgenden ‚Verteidigungskriege' die Herrschaft über die Erdölproduktion im Nahen Osten zu erreichen. Diese sog. „Terrorlüge 9/11" führte im Zusammenhang mit überzogen israelkritischen Äußerungen dazu, dass sich der RBB 2011 von Jebsen trennte und seine Sendereihe einstellte. Da sich Jebsen aber die Bezeichnung ‚KenFM' bereits 2002 als Marke juristisch hatte sichern lassen, konnte er sein Format auf eigener Webseite und einem Youtube-Kanal fortsetzen. Und dieses eingeführte Online-Programm stellte dann auch für Wolfgang Wodarg ein optimal geeignetes Medium zur Verbreitung seiner Leugnungstheorie dar.

Die Eignung liegt vor allem in der Nähe zu anderen Verschwörungstheorien, die nicht zuletzt eine antidemokratische Systemkritik verfolgen. Jebsen sieht in der repräsentativen Demokratie eine ‚Mogelpackung', die letztlich auf eine Versklavung ihrer Bürger hinausläuft. Das manifestiert sich dann unter anderem in konkreten Feldzügen z.B. gegen Israel als ‚zionistischen Rassismus', der über Leichen gehe, um für den Staat Israel den notwendigen Lebensraum zu schaffen. Die Flüchtlingsbewegungen im Rahmen des Syrienkrieges haben für ihn entsprechend nur das Ziel einer ‚Desorganisation' Deutschlands (Sarrazin lässt grüßen.) Demonstrationen in den USA für die Selbstbestimmung von Frauen (‚Women's March on Washington' 2017) sind für ihn von der Pharmaindustrie gesteuert, die durch eine Zunahme von Abtreibungen Milliardenbeträge verdiene. Und nicht zuletzt vertritt er eine in sich widersinnige Medienkritik: Das Internet ist für ihn eine Versklavungs-Maschinerie durch Unterhaltung – obwohl er es selbst zur Verbreitung seiner Thesen ausgiebigst nutzt. Auch hier wird durch den Rückgriff auf die Analysen des kanadischen Kommunikationstheoretikers Marshall McLuhan wieder ein Anstrich von Wissenschaftlichkeit angestrebt, die aber lediglich eine Verschleierung der antidemokratischen Systemkritik darstellt. Indem Wodarg seine Thesen zur Leugnung der Covid-19-Pandemie in diesem Umfeld präsentiert, schafft er eine Nähe zu rechtsextremen demokratiefeindlichen Bewegungen, die seine Position als Feind von außen für unsere demokratische Gesellschaftsstruktur erkennen lassen. Und das ist exakt die Absicht, mit der die Verschwörungslüge jegliche Corona-Kritik zu diffamieren und zu neutralisieren sucht. Eine Strategie, die durchaus von Erfolg gekrönt ist, wie die Beteiligung von Rechtsextremisten an den einschlägigen Demonstrationen gegen die Corona-Auflagen der Regierung nachdrücklich zeigt. Denn diese Beteiligung geht dann regelmäßig und systematisch über die Corona-Kritik hinaus und schlägt in Gewalt gegen demokratische Institutionen um (bis z.B. einem ‚Sturm auf den Reichstag' am 30.8.2020).

Es bringt keinen weiteren Zuwachs an Erkenntnis bzw. Durchblick, an dieser Stelle noch die weiteren Plattformen (wie ‚Rubikon' oder Geolitico') zu besprechen, auf denen Wodarg ebenfalls seine Thesen verbreitet hat. All diese sozialen Medien sind durch

einen Hang zu Verschwörungstheorien und antide-
mokratischer Systemkritik gekennzeichnet. Ein zu-
sätzlicher Aspekt wird aber durch das Interview bei
der ehemaligen Tagesschau-Sprecherin Eva Herrmann offenbar. Ihre Anstellung beim NDR wurde
2007 aufgrund ihres Feldzugs gegen die Emanzipation der Frau beendet, den sie in ihrem Buch ,Das
Eva-Prinzip' (2006) programmatisch zusammenge-
fasst hat. Darin rekurriert sie auf die biologische
Funktion der Frau als Mutter und propagiert eine
Familienpolitik, die starke Ähnlichkeit zu der des
Nationalismus aufweist – wobei sie zum Teil diese
Ähnlichkeit auch selbst als vergleichbare Wertorien-
tierung herausgestellt hat. Eine weitere Analyse der
Person und Position(en) von Eva Herrmann ist nicht
nötig, um zu erkennen, welchen Vorteil die Verbindung zwischen ihr und Dr. Wodarg für die Organisation und Wirkung der Verschwörungslüge bietet.
Denn auf diese Weise wird die Leugnung der
Corona-Pandemie auch noch mit einer anti-
emanzipatorischen Dynamik aufgeladen. Gerade bei
Personen, für die die Emanzipation der Frau eine
der wichtigsten kulturellen Errungenschaften des
20. Jahrhunderts darstellt, wird die Leugnungsthese
dadurch so desavouiert, dass jede Behauptung der

Corona-Pandemie und Reaktion darauf schon über das Kontrastprinzip gerechtfertigt erscheint.

Wenn man die bisher aufgeführten Beteiligten anschaut, so sind sie allesamt durch bestimmte Gemeinsamkeiten charakterisiert: Sie sind früher einmal in öffentlichen Institutionen beschäftigt gewesen; man kann also davon ausgehen, dass es bei den offiziellen Stellen (noch) aussagekräftige Personalakten über sie gibt. Außerdem dürften selbstverständlich Regierungsstellen unproblematisch Kontakt mit ihnen aufgenommen haben können. Das zweite gemeinsame Merkmal ist ein deutlich erkennbares Streben nach medialer Aufmerksamkeit, wobei dieses Bedürfnis durch das Eintreten für die Pandemie-Leugnungsthese noch erheblich stärker als zuvor befriedigt werden konnte. Wenn die Regierung also zu irgendeinem Zeitpunkt den Plan einer Verschwörungslüge gefasst hat, d.h. die Etablierung von Verschwörungstheorien zur Marginalisierung der Corona-Kritik in Gang setzen wollte, so musste jeder Profiler schnell und leicht auf diese Personen als potentielle (geheime) Kooperationspartner kommen. Und es ist sicherlich nicht unrealistisch, davon auszugehen, dass die deutschen Polizeiorganisationen über entsprechend kompetente

Profiler als eine für die üblichen Dienstaufgaben nötige Personaldecke verfügen.

Die Merkmale eines öffentlichen Amtes und des Öffentlichkeitsstrebens treffen auf den zweiten besonders prominenten Propagandisten der Pandemie, Prof. Dr. Sucharit Bhakdi, noch viel stärker zu. Als Professor an der Universität Mainz ist er sogar Beamter und damit für meisten so etwas wie ein vom Staat legitimiertes Sprachrohr der Wissenschaft. Zudem scheint er als Facharzt und Lehrstuhlinhaber in den Bereichen Virologie und Epidemiologie in höchstem Maße qualifiziert, die Lage bei einem Virus wie dem Corona-Sars-2 adäquat einzuschätzen. Denn natürlich hat die Öffentlichkeit keinen Durchblick in Bezug auf die heute vorhandene Spezialisierung in den Wissenschaften, auch und gerade in der Medizin. Prof. Bhakdis Spezialgebiete im Bereich der Virologie/Epidemiologie sind Malaria und das Dengue-Fieber. Das sind allerdings beides Erkrankungen, die durch Mückenstiche übertragen werden, nicht durch Tröpfeninfektion wie bei Covid-19. Ähnlich verhält es sich mit seiner wissenschaftlichen (nationalen wie internationalen) Reputation. Er ist zwar seit mehreren Jahren im Ruhestand, aber wenn man einschlägige Plattformen konsultiert, die wissenschaftliche Publikationen von Forschern sammeln und in ihrer Relevanz für die Forschung vergleichen (zum Beispiel durch die Anzahl der Zitationen, die Publikationen erreichen), dann findet man etwa bei Research Gate, dass Prof. Bhakdis Zitations-Score höher als bei 97,5% aller bei Research Gate gelisteten Wissenschaftler ist! Ein auf den ersten Blick äußerst beeindruckender Wert. Denn auch hier muss man schon einen sehr differenzierten Durchblick durch die Wissenschaftsstrukturen haben, um zu wissen, dass bei diesem Wert auch alle anderen Disziplinen, z.B. der Geisteswissenschaften, einbezogen sind und wie sich diese Gesamtheit der Forschergemeinschaft in diesem Fall auswirkt. Das betrifft das Phänomen, dass in den Geisteswissenschaften zumeist Einzelkämpfer (etwa bei der Interpretation von Texten) unterwegs sind, während die medizinische Forschung unvermeidbar unter der Kategorie der ‚Big Science‘ rangiert – schon allein durch die Millionen-teuren Geräte, die dazu nötig sind. Solche Big Science wird aber grundsätzlich im Team durchgeführt, so dass bei den resultierenden Publikationen die Aufführung der zahlreichen (Mit-)Autoren häufig mehr Zeilen umfasst als die Zusammenfassung des ganzen Artikels. Und die große Anzahl der Autoren zitiert sich naturgemäß auch selbst, so dass die ‚Sichtbarkeit' der medizinischen Publikationen im allgemeinen Wissenschaftsvergleich aus strukturellen Gründen extrem hoch ist und kaum etwas über die persönliche Qualifikation des einzelnen Forschers aussagt. Aber solche an der Oberfläche überzeugenden Daten sind für einen Verschwörungstheoretiker selbstverständlich optimal – und für Organisatoren einer Verschwörungslüge höchst attraktiv.

Diese Organisation (der Verschwörungslüge) führt auch in diesem Fall dazu, dass der ‚Experte' in erster Linie die sozialen Medien zur Verbreitung seiner Thesen nutzt, also mit Videos auf Youtube, Interviews etc. (z.B. auch bei KenFM). Ein Vorteil seiner Universitätszugehörigkeit liegt darüber hinaus zudem darin, dass er sich direkt an Regierungsstellen wenden kann; er hat diesen Vorteil auch zu einem offenen Brief an die Bundeskanzlerin (Merkel) genutzt, was ihm und der Leugnungsthese verständlicherweise noch einmal erhöhte Aufmerksamkeit eingebracht hat. Zusätzlich ist er dann aber auch zu seinem eigentlichen Medium, dem Buch, zurückgekehrt und hat zusammen mit seiner (28

Jahre jüngeren) als Hautärztin (Dermatologin) spezialisierten Ehefrau Karina Reiß den Bestseller ‚Corona Fehlalarm?' herausgebracht. Das Buch ist in dem eher kleinen esoterischen Goldegg-Verlag erschienen und hat trotzdem unmittelbar den Platz eins in der Spiegel-Bestsellerliste erreicht. Darin vertritt er die schon erwähnte Spekulation, dass für die Schwere der Corona-Ausbrüche in Italien und Spanien vor allem die Luftverschmutzung verantwortlich sei. Die Strategie der verzerrten Datenauswahl wird hier besonders deutlich, weil zum Beispiel die österreichischen Hotspots wie Ischgl und Wolfgangsee vernachlässigt werden, bei denen man nun wirklich keinesfalls von erhöhter Luftverschmutzung ausgehen kann.

Aber noch auffälliger sind die Widersprüche, mit der er die Leugnungsthese vertritt. So weist er – durchaus berechtigt in Übereinstimmung mit allen ernsthaften Experten – darauf hin, dass man die Dunkelziffer der Infizierten nicht kennt, weil so viele Menschen ohne Symptome erkranken. Zugleich behauptet er aber, dass die Annahme einer Pandemie völlig überzogen sei, weil bei 99 Prozent aller Infizierten die Erkrankung ohne bedeutsame Symptome ablaufe. Für diese Prozentangabe müsste er allerdings notwendigerweise die Dunkelziffer kennen, es liegt also ein klarer logischer Widerspruch in seiner ‚Argumentation' vor. Und dabei handelt es sich um einen besonders bezeichnenden Widerspruch. Denn es wird sicher niemand so gehässig sein, zu unterstellen, dass einem deutschen Professor mit jahrzehntelanger Forschungs- und Lehrerfahrung ein solcher Lapsus unbemerkt als Fehler unterläuft. Nein, eine derartige Widersprüchlichkeit kann eigentlich nur bewusst eingebaut sein, um die Leugnungsthese als eine Variante von Verschwörungstheorie zu desavouieren und auf diese Weise unwirksam zu machen. Damit kann die Widersprüchlichkeit von Thesen als ein besonders auffälliger Indikator für die von oben in Gang gesetzte Verschwörungslüge den bereits erarbeiteten Merkmalen der Verschwörungstheoretiker hinzugefügt werden, als da sind: die frühere oder derzeitige Position im öffentlichen Sektor, das starke Bedürfnis nach medialer Aufmerksamkeit sowie die dadurch hervorgerufene Tendenz zu systematischer Übertreibung in Form von verzerrender Datenselektion und haltloser Spekulation. Es wird im Folgenden darum gehen, diese Merkmale auch bei den verschwörungstheoretischen Erklärungsthesen nachzuweisen und damit das Ausmaß der Verschwörungslüge aufzudecken!

Die spezifischen Erklärungsthesen:

5G-Strahlung, biologische Waffe, Bill Gates und jüdische Weltherrschaft

In der Tat springt diese Widersprüchlichkeit auch und gerade bei Einbeziehung der (verschwörungstheoretischen) Erklärungsthesen sofort ins Auge – und zwar in zweifacher Weise: Zum einen machen die Erklärungsthesen zwar verschiedene Ursachen und Ziele aus, implizieren aber ziemlich übereinstimmend, dass Covid-19 als Instrument für die Errichtung einer Weltherrschaft oder zumindest Entrechtung der allgemeinen Bevölkerung benutzt wird. Damit unterstellen diese Erklärungsthesen an bestimmten Stellen aber gerade, dass es sich bei Covid-19 durchaus um eine Pandemie bzw. zumindest einen Pandemie-Versuch handelt. Erklärungsthese und Leugnungsthese passen also eigentlich (logisch) gar nicht zusammen. Das Gleiche gilt zum zweiten für die Relation der Erklärungsthesen untereinander: Wenn Bill Gates über die Covid-19-

Pandemie die Weltherrschaft anstrebt, kann diese Herrschaft nicht gleichzeitig durch 5-G-Konzerne oder eine jüdische Verschwörung erreicht werden. Dass trotzdem die Anhänger der Leugnungsthese wie der verschiedenen Erklärungstheorien miteinander gegen die Pandemie-Regelungen der Regierungen protestieren, kann diesen selbstverständlich nur recht sein, demonstriert es doch augenfällig, dass da Leute am Werk sind, die sich außerhalb jeder logischen Argumentation befinden. Und im Kontrast dazu können die Regelungen des regierungsseitigen Krisenmanagements ja nur als sinnvoll und berechtigt gelten!

5G-Strahlung

Da diese Regelungen des Krisenmanagements zumindest in allen Industriestaaten weltweit vergleichbar sind, weisen auch die Erklärungsmodelle einen internationalen Zuschnitt auf. Und sie knüpfen sinnvollerweise an Ängste und Verschwörungsansätze an, die es auch schon vor Covid-19 gegeben hat – nicht zuletzt weil die Regierungen bei der Rekrutierung von Verschwörungstheoretikern ja sinnvollerweise auf Autoren mit Erfahrung in diesem

Bereich zurückgreifen mussten. Die Erklärungsthese der 5G-Strahlung stellt ein paradigmatisches Beispiel für die Verbindung dieser beiden Merkmale dar. Inhaltlich gibt es schon lange Verschwörungsansätze, die von der Angst vor dem modernen ‚Elektrosmog' ausgehen. Es geht um die Bedrohung, die viele Menschen angesichts der unsichtbaren Strahlung von mobilen Funkgeräten empfinden, gerade weil deren massenhaftes Aufkommen die ganze Sozialstruktur unserer Gesellschaft verändert hat. Deshalb sind solchen Strahlungen des ‚Elektrosmogs' schon bisher erhebliche Gesundheitsschäden zugeschrieben worden, darunter plausiblerweise auch gerade in Richtung auf die Krankheit, die im Bewusstsein der Menschen seit der zweiten Hälfte des 20. Jahrhunderts als die gefährlichste verankert ist: den Krebs. Auftretenshäufigkeit und Grenzen der Therapiemöglichkeiten führen zusammen zu dem höchsten Angstpotenzial, das ein optimales Umfeld für die Entwicklung verschwörungstheoretischer Erklärungsansätze darstellt.

Dabei wird die Strahlungsangst durchaus mit den bekannten Daten zum Beginn der Pandemie in Verbindung gebracht: und zwar durch die Behauptung, dass in Wuhan Tausende von 5G-Masten eine besonders starke Strahlung bewirkt hätten, die eben jene Pandemie ausgelöst haben, für die nun das Corona-Sars-2-Virus verantwortlich gemacht wird. Entsprechend seien die Todesfälle in den Regionen (z.B. Afrikas), in denen kaum G5-Strahlung vorhanden ist, auch bedeutsam geringer. Vermutlich lasse sich die 5G-Strahlung daher auch als militärische Waffe nutzen, wovon mit der These einer Virus-Infektion und den dadurch begründeten Einschränkungen des öffentlichen Lebens abgelenkt werden soll. Letztendlich stecke hinter der 5G-Technologie eine globale Industrie, die mit ihren milliarden-schweren Profiten eine weltumspannende Orwell'sche Kontrolle aufzubauen versuche. Daraus folgt dann zwangsläufig die Rechtfertigung, dass man sich gegen eine derartige existenzielle Bedrohung mit allen Mitteln wehren muss, auch solchen, die Gewalt einschließen. Dementsprechend haben Anhänger der 5G-Verschwörungstheorie Brandanschläge gegen Mobilfunk-Sendemasten einschließlich der dort arbeitenden Angestellten verübt. Und unter diese Gegenwehr fällt folglich auch der Protest gegen alle auf Eindämmung der Corona-Pandemie ausgerichteten Regelungen, obwohl keineswegs einsichtig ist, wie dadurch die eigentliche

Gefahr der 5G-Strahlung eingedämmt werden soll. Aber diese Lücke in der Argumentation nutzt selbstverständlich den Organisatoren der Verschwörungslüge, weil damit die Proteste gegen das Krisenmanagement der Regierungen in der Glaubwürdigkeit stark leiden. Das zugrundeliegende Prinzip der Verschwörungslüge kann nur sein: Je abwegiger und abstruser die Verschwörungstheorie ist, desto eher wird sie von der Bevölkerungsmehrheit abgelehnt – und im Gegenzug das Krisenmanagement der Herrschenden akzeptiert werden!

Diesem Prinzip musste dann konsequenterweise auch die Rekrutierung der 5G-Propagandisten folgen. Das eindeutigste Beispiel dafür dürfte der englische Publizist David Icke sein, der auch schon vor der Corona-Problematik extreme verschwörungstheoretische Positionen vertreten hat. So zum Beispiel mit einer Verbindung von Esoterik und Ufologie die These, dass die Menschheit von einer außerirdischen Rasse mit reptilienartiger Abstammung unterwandert wird. Diese Unterwanderung konnte unbemerkt bleiben, weil die Außerirdischen sogenannte Formwandler sind, d.h. sie können menschliche Gestalt annehmen, brauchen dafür aber menschliches Blut, wofür sie hemmungslos morden.

Sie streben eine allumfassende Weltherrschaft an, die sie durch Implantierung von Chips bei den Menschen abzusichern in der Lage sind. Dementsprechend sind auch viele der historisch entscheidenden Persönlichkeiten, vom englischen Königshaus bis zu amerikanischen Präsidenten, nichts anderes als formgewandelte Außerirdische. Die vorgebliche Covid-19-Pandemie erweist sich in diesem Zusammenhang dann als ein einziger Schwindel, als ein Vorwand, um das Bargeld abzuschaffen, die Wirtschaft zu zerstören, die Menschen lückenlos zu überwachen und auf diese Weise eine neue globale Weltordnung zu etablieren.

Bezeichnend ist, dass der Autor Icke mit seinen abstrusen Erklärungen sowohl links- als auch rechtsextreme Verschwörungstheorien aufgreift und bedient. Seine ökologieorientierte Vergangenheit kommt zusammen mit den esoterischen Ausflügen ins Übersinnliche vor allem bei Linksextremen gut an. Zugleich vertritt er jedoch auch rechtsextreme Verschwörungsthesen zu den Anschlägen vom 11. 9. 2001 (World Trade Center), arbeitet mit der amerikanischen Waffenlobby zusammen und propagiert die antisemitische Unterscheidung zwischen guten und bösen Juden, wobei die letzteren eine Unterwerfung aller Nicht-Juden anstreben (vgl. unten ‚Jüdische Weltherrschaft'). Mit seiner wahllos erscheinenden Kombination der unterschiedlichsten und z.T. auch widersprüchlichen verschwörungstheoretischen Mosaiksteine verfolgt er letztlich eine Strategie der radikalen Maximierung von Verschwörungs-Abstrusität: indem nämlich alle Verschwörungsannahmen gerade und allein schon wegen ihrer Absurdität wahr sein müssen, denn warum würde sich die Mehrheit der (unwissenden) Bevölkerung einschließlich der Regierungen sonst so dagegen wehren, sie zu unterdrücken versuchen?

Diese radikale Überziehung des verschwörungstheoretischen Denkansatzes dürfte besonders augenscheinlich verdeutlichen, dass es sich hier letztlich um eine bestellte, künstliche Konstruktion einer verschwörungstheoretischen Erklärung – gerade auch der Corona-Pandemie – handelt. Durch die Vermengung der verschiedensten, nicht zueinander passenden verschwörungstheoretischen Versatzstücke werden die Rezipienten so verwirrt, dass sie nur mehr in den autoritären Regelungen des Krisenmanagements vonseiten der Regierungen Halt finden! Anscheinend hat hier jemand seinen Auftrag, eine verschwörungstheoretische Erklärung der Corona-

Pandemie in die Welt zu setzen, mit einer derartigen Überziehung dieser verschwörungstheoretischen Denkstruktur umgesetzt, dass es schon etwas auffällig ist. So ist denn auch durchaus bereits (durch die amerikanischen Philosophen Lewis und Kahn) vermutet worden, dass Icke gar nicht selbst an seine Thesen glaubt, sondern dass er eine Satire des verschwörungstheoretischen Denkens anbietet. Diese Bewertung kommt der Wahrheit bereits ansatzweise nahe, die aber sehr viel zwingender offenbar wird, wenn man erkennt, dass es sich bei der Erklärung der Pandemie durch 5G-Strahlung um eine in Auftrag gegebene Verschwörungstheorie handelt, die allerdings wegen Übereifrigkeit des gedungenen Propagandisten etwas aus dem Ruder gelaufen ist! Andererseits schadet das der Diffamierung von Verschwörungstheorien, wie sie durch die offiziellen Stellen angezielt ist, auch in keinster Weise.

Biologische Waffe

Gleichwohl lag es nahe, auch Vertreter für verschwörungstheoretische Erklärungsthesen zu gewinnen, die zumindest oberflächlich über eine bessere Reputation verfügen. Als paradigmatisches Beispiel kann hier der amerikanische Autor Steven Mosher mit der Behauptung gelten, dass es sich beim Corona-Virus um eine biologische Waffe handelt. Er geht dabei (ebenfalls) von den nachgewiesenen Fakten aus, dass sich das Virus von der Stadt Wuhan in China aus verbreitet hat. Allerdings ist für ihn das dortige ‚Institut für Virologie Wuhan' (WIV) der Ursprungsort, indem dort das Virus aus Fledermäusen herauspräpariert und zu einer biologischen Waffe weiterentwickelt worden sei. Ursprünglich nahm er an und behauptete, dass die Freisetzung versehentlich geschehen sei, im Laufe der Übernahme dieser Verschwörungstheorie durch andere Propagandisten wie zum Beispiel den Finanzblog ‚Zero Hedge' schlich sich aber schnell die Vermutung ein, dass es ein absichtliches Versehen gewesen sein könnte: um von China aus die Weltwirtschaft und damit vor allem die westlichen Industrieländer zu destabilisieren! Diese Möglichkeit entspricht zudem der grundsätzlich negativen Einstellung von St. Mosher gegenüber China, die aus seinen frühen Forschungen innerhalb des kommunistischen China resultiert.

Mit dieser Forschung kann er in Anspruch nehmen, einer der ersten (wenn nicht der erste) Anthropologe zu sein, der Studien im kommunistischen China (Ende der 1970er, Anfang der 80er Jahre) durchgeführt hat. Dabei hat er Chinesische Kommunen besucht und die dortige politische Indoktrination beschrieben. Vor allem aber hat er über die chinesische Ein-Kind-Politik berichtet einschließlich der Zwangsabtreibungen, die in diesem Zusammenhang immer wieder und systematisch vorgekommen sind. In den daraus erwachsenen Büchern hat er sich von Anfang an als maximal scharfer und umfassender China-Kritiker profiliert. Insofern war für ihn das von China ausgehende Corona-Virus natürlich ein gefundenes Fressen und er selbst ein optimaler Kandidat für eine Verschwörungstheorie mit der Stoßrichtung: Corona ist eine von China entwickelte und freigesetzte biologische Waffe. Dementsprechend hat er diese These vor allem in den sozialen Netzwerken wieder und wieder propagiert, ohne dabei auch nur einen einzigen Vorwurf auszulassen. Dazu gehören neben der Entwicklung dieser biologischen Waffe auch Behauptungen wie: China verschärft die Pandemie durch die Lieferung defekter Atemschutzmasken, hat die WHO (World Health Organization) unterwandert, so dass diese mehr zur Verstärkung der Pandemie als zu deren Eindämmung beiträgt. Folglich muss die Weltbevölkerung gegen die Chinesische Gefahr aufstehen, sonst marschiert das Kommunistische China unbehindert zur Weltherrschaft durch.

Auf diese Weise sammelt er, vor allem in den USA, aber auch international, alle ideologischen Kommunismus-Gegner ein, für die bereits der Entstehungsort innerhalb des kommunistischen Herrschaftsbereichs ein völlig ausreichender Beleg für die Wahrheit dieser Verschwörungstheorie ist. Zudem stellt er auch noch eine emotional extrem aufgeladene Verbindung mit Abtreibungsgegnern her, bei denen die ausgesprochen rabiate Verteidigung ihrer Position gang und gäbe ist. Das alles bringt er mit dem Anschein wissenschaftlicher Seriosität vor, indem er sich als Präsident des Population Research Institute (PRI) äußert. Allerdings handelt es sich dabei um ein privates, von ihm selbst gegründetes Institut, das mit der Bezeichnung 'Research' eine Wissenschaftlichkeit beansprucht, die es de facto nicht zu erfüllen in der Lage ist. Denn der Präsident Mosher verfügt nicht einmal über einen Doktor-Titel – und das nicht, weil er es nicht versucht hätte. Vielmehr war sein Forschungsaufenthalt in China als Teil seiner Promotion gedacht, endete aber mit seinem Ausschluss aus dem Promotionsprogramm an der Universität Stanford. Der Grund: Er hatte Bilder von den Zwangsabtreibungen veröffentlicht, auf denen die Gesichter und damit die Identität der betroffenen Frauen deutlich zu erkennen waren, was den basalen moralischen Standards anthropologischer Forschung widerspricht. Vergleichbare moralische Probleme wirft auch seine Verbindung mit den militanten Abtreibungsgegnern auf, nicht zuletzt in den USA. Denn dabei geht es nicht nur um die Bezeichnung von Abtreibung als ‚Babyzid', sondern auch um den Vergleich mit dem Holocaust und der Benennung ‚Endlösung' für die Zulassung von Schwangerschaftsabbrüchen. Und die Lobbyismus-Methoden zur Verhinderung von solchen Abbrüchen beschränken sich nicht nur auf Fotos von abgetriebenen Föten (z.T. mit unkorrekten Altersangaben), sondern umfassen auch physische Angriffe auf Abbruchs-willige Frauen sowie Abbruch-anbietende Mediziner/innen. Dazu gehören in Zeiten des Internets nicht zuletzt schwarze Listen von solchen Ärzten/innen im Netz, die letztlich als Aufruf zu Gewalt verstanden werden und wirken. Die so vorgehenden Organisationen (in der USA z.B. ‚Operation Rescue', in Deutschland ALFA: Aktion Lebensrecht für alle) haben daher eindeutig Demokratie-feindliche Züge, insofern sie die Mehrheitsmeinung der Bevölkerung und die daraus entspringende Gesetzgebung nicht respektieren und mit Gewalt umzudrehen versuchen.

Damit erweisen sich die Stärken dieser Verschwörungstheorie (Corona als biologische Waffe) zugleich als zentrale Schwächen, nicht zuletzt bei dem führenden Vertreter (St. Mosher) dieser Theorie. Die fehlende wissenschaftliche Qualifikation und moralische Integrität dieses Proponenten ist mit einigen wenigen Clicks im Netz aufzuspüren und fällt natürlich auf die von ihm vertretene Verschwörungstheorie zurück. Darin zeigt sich eine weitere typische Kombination von Charakteristiken gedungener Verschwörungstheoretiker: Sie haben einen vergleichsweise radikalen Hintergrund, ein übernormales Bedürfnis nach sozialer Aufmerksamkeit sowie scheinbare Qualifikation und Integrität, die aber bei der geringsten Überprüfung in sich zusammenfallen. Durch diese (geplante) Desillusionierung werden auch die verschwörungstheoretischen Thesen so unglaubwürdig, dass komplementär die Glaubwürdigkeit und Notwendigkeit des regierungsseitigen Krisenmanagements unabweisbar scheinen!

Also ein voller Erfolg für die gut inszenierte Verschwörungslüge!!

Die drohende Weltherrschaft von Bill Gates

Die bisherigen Analysen haben deutlich gemacht, dass die Organisatoren der Verschwörungslüge zur Rekrutierung entsprechender Verschwörungstheoretiker selbstverständlich auf einschlägig ‚vorqualifizierte' Autoren zurückgreifen müssen. Und damit in der Regel eben auch auf Verschwörungsansätze, die es in der einen oder anderen Form schon vor der Cocid-19-Pandemie gegeben hat und die lediglich mit dem Corona-Virus aufgeladen und verstärkt werden müssen. Da ist es nicht verwunderlich, dass jemand in den Aufmerksamkeitskegel gerät, dessen Arbeit in der Tat mit Viren(-bekämpfung), Warnung vor Epidemien und Förderung von Impfstoffentwicklung zu tun hat. Wenn zudem schon verschwörungstheoretische Thesen zu dieser Person im Umlauf sind, ist der Einbau in die Verschwörungslüge praktisch unvermeidlich. All diese Merkmale treffen auf Bill Gates zu, der sich mit der nach ihm und seiner Frau benannten Stiftung seit Jahren im Gesundheitsbereich engagiert – und zwar sowohl publizistisch als auch finanziell. Erstaunlich ist an dieser Verschwörungstheorie höchstens, dass sie sich nach einem kurzen Anstoß praktisch zum Selbstläufer entwickelt hat.

Den Anstoß hat der bekannte Verschwörungstheoretiker Jordan Sather gegeben, indem er von einem Patent berichtet hat, das die Nutzung eines Virus aus der Corona-Familie zur Entwicklung eines Impfstoffs gegen Atemwegserkrankungen behandelt. Das Institut, das dieses Patent angemeldet hat (Pirbright Institute in Surrey, Great Britain) wird finanziell von der Bill & Melinda Gates-Stiftung gefördert. Deshalb war für Sather der Schluss zwingend, dass es sich auch beim Corona-Sars-2-Virus um eine künstliche Herstellung handelt mit dem Ziel, die Notwendigkeit von Impfstoffherstellung unabweisbar zu machen und damit unaufhörlich sprudelnde Geldquellen für Gates zu sichern. Diese Twitter-Publikation wurde von der Internet-Community geradezu begierig aufgenommen, vieltausendfach geteilt und massiv verbreitet.

Dabei entfaltete sich eine Dynamik, die aus der Entwicklung von Gerüchten wohlbekannt ist, nämlich dass die Botschaft mit jedem weiteren Schritt verstärkt, dramatisiert, überhöht wird. Im Fall der Gates-Verschwörungs-theorie folgte im nächsten Schritt die Behauptung (auf Instagram), dass er selbst das Virus geschaffen und den Ausbruch der Pandemie geplant habe. Dabei wurde auf Vorträge von Gates Bezug genommen, in der er vor derartigen Pandemien gewarnt hatte, und zwar insbesondere vor der Verbreitung über die Luft, wie es dann für Covid-19 in der Tat der Fall war. Es kam hinzu, dass es ein Planspiel (‚Event 201') zu einer potenziellen Pandemiekrise gab, an dem neben dem Weltwirtschaftsforum auch die Johns Hopkins Universität und die Bill & Melinda Gates-Stiftung beteiligt waren. Jene Universität, die dann beim Eintreten der Corona-Pandemie die Funktion der exakten Berichtszahlen ausübte. Also ein Schelm, wer Böses dabei denkt? Nicht wenige haben infolgedessen auf jeden Fall Schlimmes und Schlimmstes gedacht, nämlich dass Bill Gates flächendeckende Zwangsimpfungen anstrebt, bei denen letztlich allen Menschen auch noch Mikrochips eingesetzt werden sollen, die es ihm ermöglichen werden, auf die Dauer die gesamte Menschheit zu lenken und zu kontrollieren. In Deutschland würde das konsequenterweise das Grundgesetz mit seinen Menschenrechten außer Kraft setzen, was nur möglich sein wird, weil alle Berater der Bundesregierung auf der Gehaltsliste von Bill Gates stehen (so der schon besprochene Verschwörungstheoretiker Ken Jebsen). Die Videos dieser Verschwörungstheorie wurden immer wieder im Schneeballverfahren geteilt und weiterverbreitet, so dass insbesondere die Anhänger rechtsgerichteter Parteien zumindest relevante Teile davon mehrheitlich für wahr halten.

Dass diese Verschwörungstheorie insgesamt vor allem von den Nutzern sozialer Medien getragen wird und keine besonders prominenten Propagandisten aufzuweisen hat, könnte auf den ersten Blick dagegen sprechen, dass sie ein Teil der regierungsseitig initiierten Verschwörungslüge ist. Aber man muss bedenken, dass ein solcher Selbstläufer, der sich wie eine Lawine ausbreitet und dabei kontinuierlich nicht nur an Umfang, sondern auch an Absurdität der Thesen zulegt, durchaus im Interesse der offiziellen Stellen ist. Deshalb kann man aus der Tatsache, dass hier kein zweiter, prominenterer Protagonist dieser Verschwörungstheorie rekrutiert worden ist, eher darauf schließen, wie genau die Regierung die Landschaft der Verschwörungstheorien beobachtet und für ihre Zwecke benutzt hat. Denn die weite Verbreitung und Radikalität der Verschwörungsthesen hat eine Wirkung, die an dieser auf Bill Gates ausgerichteten Theorie besonders deutlich und unabweisbar wird: nämlich dass sich die seriöse (Druck-)Presse und (Fernseh-)Journalistik gegen die überzogenen Auswüchse solchen Denkens positionieren muss. Das heißt, die klassischen Medien übernehmen notgedrungen die Demontierung der in den sozialen Medien um sich greifenden Verschwörungstheorien und erledigen damit indirekt auch die Arbeit der Regierungsstellen, indem sie auf diese Weise zugleich die regierungsseitigen Regelungen zur Beherrschung der Pandemie rechtfertigen. Die Etablierung und Ausweitung von Verschwörungstheorien ist der sicherste Weg zur Gleichschaltung der sog. freien Presse, die sich unter dem Druck der sozialen Medien und ihrer Verschwörungstheorien eben gar nicht mehr als frei erweist. Das ist das tiefere Rationale, das Prinzip der Verschwörungslüge: dass durch die überzogenen, unsinnigen Verschwörungstheorien die Gleichschaltung der klassischen Medien als Unterstützung des regierungsseitigen Krisenmanagements erreicht wird.

Und dieser regierungsseitig beabsichtigte, geplante Mechanismus hat im Falle der Gates-Verschwörungstheorie auch hervorragend funktioniert. Es ist mittlerweile eindeutig nachgewiesen, dass schon die Ausgangsthese von Sather falsch war: Bei dem Patent für einen Impfstoff ging es um Bronchitis bei Geflügel, nicht beim Menschen. Desgleichen beziehen sich die Warnungen von Gates vor einer potenziell drohenden Pandemie nicht auf das Corona-Virus, sondern auf Ebola. Und soweit Gates nicht nur Warnungen, sondern Prognosen ausgesprochen hat, haben sich diese durchwegs darauf bezogen, dass die Gesundheitssysteme der Welt nicht genügend auf drohende Pandemien vorbereitet sind – was sich im Fall der Covid-19-Pandemie als nur zu berechtigt erwiesen hat. Und für solche abenteuerlichen Thesen wie eine Einführung von Zwangsimpfungen mit Implantation von Mikrochips gibt es schlichtweg keine Datengrundlage.

Was man an der auf Bill Gates bezogenen Verschwörungstheorie also lernen kann, ist der Durchblick, wie es der Regierungsseite durch die Etablierung von überzogenen Verschwörungstheorien gelingt, die Gleichschaltung der ‚freien' Presse in Richtung auf Unterstützung des notwendig erscheinenden Krisenmanagements mit seinen Einschränkungen zahlreicher bürgerlicher Grundrechte zu bewerkstelligen!

Jüdische Weltherrschaft

Dass auch eine antisemitische Verschwörungstheorie Teil der Verschwörungslüge, also von Regierungsseite unterstützt sein soll, sieht – zumindest für Deutschland – völlig unplausibel aus, denn Verherrlichung der Nazihistorie ist in der BRD nicht nur politisch geächtet, sondern auch juristisch bei Strafe untersagt (technisch ausgedrückt: strafbewehrt). Das gilt nicht zuletzt und vor allem für das Leugnen des Holocaust (§ 130 Strafgesetzbuch: Haft bis zu 5 Jahren). Aber gerade diese Unplausibilität ist optimal dazu geeignet, die Tatsache der von offiziellen Stellen in Gang gesetzten Verschwörungslüge zu verschleiern! Weil es eigentlich undenkbar ist, dass sich hier die Regierung als Drahtzieher beteiligt, ist das letztlich der stärkste und sicherste Indikator dafür, dass es sich bei all diesen Verschwörungstheorien um absichtlich gestreute und verstärkte Absurditäten handelt – die ja nur dann umfassend und durchschlagend wirken können, wenn ihre (offizielle)Organisation und Verstärkung unerkannt bleiben. Wirksam eben dahingehend, dass mit der Ablehnung der Verschwörungstheorien zugleich die Akzeption der als Krisenmanagement verkauften Einschränkungen bürgerlich-demokratischer Grundrechte verbunden ist!

Dass es sich hier um die geheimen Aktivitäten offizieller Stellen handelt, wird zusätzlich auch dadurch überdeutlich, dass in diesem Fall als Proponenten natürlich keine Deutschen angeworben werden konnten. Vielmehr sind es US-Amerikaner, die bei den antisemitischen Verschwörungstheorien den Ton angeben, weil es in den USA keine vergleichbare Gesetzgebung gegen Nazi-Thesen und neonazistische Propaganda gibt. Dementsprechend wird die Verschwörungstheorie einer jüdischen Weltherrschaft unter Ausnutzung der Corona-Pandemie vor allem von den beiden amerikanischen Neo-Nazis David Duke und Paul Nehlen getragen. Beide sind am rechten Rand der republikanischen Partei zu verorten, wo es immer wieder Verbindungen zum Rechtsextremismus gibt. Dabei ist der Ausgangspunkt dieses Extremismus in den USA in der Regel der gegen Farbige gerichtete Rassismus, von dem aus dann auch antijüdische Verschwörungstheorien entwickelt werden.

So hat Paul Nehlen in früheren Jahren mehrfach (wenn auch erfolglos) versucht, mit der aggressiven Extremposition einer Überlegenheit der weißen Rasse ('white supremacist') die Wahl als Kandidat für den Kongress im Bundesstaat Wisconsin zu gewinnen. Bei Auftreten der Corona-Pandemie hat er über die sozialen Medien Covid-19 sofort als von Israel bzw. generell 'den Juden' geschaffene Krankheit bezeichnet, mit deren Hilfe nicht nur (über den notwendigen Impfstoff) riesige Profite gemacht, sondern letztlich alle anderen Länder unter jüdische Kontrolle gebracht werden sollen. Er unterstellt den Juden, dass sie von der Überlegenheit der jüdischen Rasse ausgehen, wogegen man sich mit allen Mitteln wehren muss – auch durch die Fortsetzung und Vollendung des von den Nazis versuchten Genozids an den Juden! Solche und ähnliche Propaganda hat dazu geführt, dass viele seiner Posts in den sozialen Medien gesperrt wurden, was ihn aber nur zu weiterer Radikalisierung seiner antisemitischen Thesen angestachelt hat. Damit stellt er einen protypischen Fall von politischer Erfolglosigkeit dar, die in Verbindung mit einem übersteigerten, narzisstischen Bedürfnis nach sozialer Aufmerksamkeit zu möglichst radikalen Verschwörungstheorien führt. Wobei die Propagierung antisemitischer Thesen den ‚Vorteil' bietet, zum einen auf eine lange Geschichte und große Verbreitung stereotyper Vorurteile zurückzugreifen und außerdem wegen des Holocaust-Geschehens im 20. Jahrhundert maximale Beachtung zu erlangen.

Das gilt auch für den anderen zentralen Propagandisten einer jüdischen Weltverschwörung, David Duke. Sein übersteigertes Selbstwertgefühl und Aufmerksamkeitsbedürfnis zeigt sich besonders nachdrücklich darin, dass er sich mehrmals ohne jede Erfahrung in irgendeinem Länderparlament gleich in den Vorwahlen der Republikanischen Partei als Kandidat für die Präsidentschaft der Vereinigten Staaten beteiligt hat. Seinen Rassismus hat er USA-spezifisch vor allem als Leiter einer Ku-Klux-Klan-Sektion (in Louisiana) unter Beweis gestellt. Seine antisemitische Einstellung basiert auf einer umfassenden neo-nazistischen Grundlage, insofern er sich durch das Tragen von Nazi-Uniformen genauso wie das Feiern von Hitlers Geburtstag hervorgetan hat. Außerdem gehört er zu den aggressivsten Leugnern des Holocaust in den USA, für den außerdem die

Terroranschläge am 11.9.2001 nicht auf das Konto von al-Kaida gehen, sondern von Zionisten geplant und eingefädelt worden sind. Die Covid-19-Pandemie hat nach ihm parallel den Zweck, die Weltbevölkerung drastisch zu reduzieren, so dass die ‚zionistische Verschwörung' leichter die Weltherrschaft übernehmen kann!

Die Radikalität dieser Verschwörungstheorie führt dazu, dass es zugleich ein Paradebeispiel dafür ist, wie das Aushebeln von Corona-Kritik funktioniert, wie berechtigte Proteste gegen Corona-begründete Beschränkungen unwirksam gemacht werden. Denn Antisemitismus tritt immer mit anti-demokratischem Rechtsextremismus zusammen auf. So auch in den Anti-Corona-Demonstrationen zum Beispiel in Berlin, wo am 29.8.2020 ca. 400 Demonstranten der extrem rechten Szene die Absperrungen vor dem Reichstagsgebäude durchbrochen und zum ‚Sturm auf den Reichstag' angesetzt haben. Sie konnten am Eindringen in das Gebäude gehindert werden, aber die unvermeidbare Konsequenz war, dass sich das mediale Interesse ausschließlich auf diesen Angriff gegen das Symbol der demokratischen Verfassung der BRD konzentrierte und alle anderen, vor allem argumentative Botschaften der Demonstrationsteilnehmer aus der Berichterstattung herausfielen. So stellte sich auch hier die Gleichschaltung der Medien in Richtung auf Unterstützung des regierungsseitigen 'Krisenmanagements' praktisch von selbst ein. Der antidemokratische Antisemitismus bietet darüber hinaus den Vorteil, dass sich auch noch die offiziellen Antisemitismus-Beauftragten des Bundes wie der Länder zu Wort melden können und müssen, um vor den Gefahren des Rechtsextremismus für die Demokratie zu warnen. Übrigens zudem auch in Übereinstimmung mit der politischen Wissenschaft, zum Beispiel des Zentrums für Antisemitismusforschung (an der Technischen Universität Berlin). Auf diese Weise gelingt es der regierungsseitig lancierten Verschwörungstheorie, dass jede berechtigte Kritik an den Regelungen zur Eindämmung der Covid-19-Pandemie praktisch völlig untergeht. Und nichts anderes war und ist ja auch das Ziel der Verschwörungslüge, die also hervorragend funktioniert – wie an den analysierten Verschwörungsbeispielen zur 5G-Strahlung, biologischen Waffe, Bill Gates und jüdischen Weltherrschaft zwingend offenbar wird.

Das Negativ-Beispiel: QAnon

Die bisherige Analyse hat nur zu deutlich gezeigt, dass Verschwörungstheoretiker von einer fixen Idee besessen sind; einer Idee, von der alles aufgesaugt wird, egal ob es passt oder nicht. Verschwörungstheorien sind dadurch gekennzeichnet, dass es keine Daten oder Argumente gibt, die zu einer Abkehr von der jeweiligen Theorie bewegen könnten. Selbst wenn Datenlücken oder widersprechende Fakten vorliegen, wird das als Bestätigung der Theorie angesehen, weil die eigentlichen, ‚wahren‘ Tatsachen eben unterdrückt werden. Verschwörungstheorien können nicht an der Realität scheitern, weil sie gerade nichts über die Realität aussagen, sondern nur über den festen Glauben ihrer Verfechter. Sie geben einen Halt im Gemeinschaftsgefühl der Gleichgesinnten, die sich auch gegenseitig in ihren Glaubenssätzen bestärken. Und je extremer diese Glaubenssätze sind, desto intensiver, umfassender ist das Gemeinschaftsgefühl. Das Maximum dieses Gefühls wird erreicht, wenn die Umwelt, am besten die Mehrheit der Gesellschaft – auf jeden Fall aber die jeweilige Elite – die Überzeugungen der Minderheit als Spinnerei, als Verschwörungstheorie, ablehnt. Denn dann kommt zu dem Gemeinschaftsgefühl noch ein Sendungsbewusstsein hinzu, nämlich dass man zu den wenigen gehört, die den Durchblick besitzen und festhalten: gegen die scheinbar so undurchsichtigen, komplizierten Verhältnisse in dieser Welt und Zeit, die in Wirklichkeit aber auf ganz einfache Grunddynamiken zurückzuführen sind. Eben auf die geheimen Akteure, die an der Unterjochung der (Mehrheits-)Gesellschaft arbeiten. Damit enthält das Sendungsbewusstsein auch noch das erhebende Gefühl, dass man selbst ein Teil der notwendigen Aufklärung ist und mit dieser Aufklärung im Erfolgsfall sogar noch eine Retterfunktion erfüllt. Nur dass sich die dumpfe, uneinsichtige Masse und selbstverständlich vor allem die herrschende Elite gerade dieser Rettung widersetzen – was den letzten Beweis für die Richtigkeit der vertretenen Glaubensüberzeugungen darstellt.

Damit produzieren die Verschwörungstheorien und ihre Proponenten einen paradoxen Widerspruch. Sie empfinden, verstehen, behaupten sich in ihrem Protest gegen die Eliten als Elite: als die bessere, die einzig legitime Elite! Diese Widersprüchlichkeit fordert unweigerlich den Widerstand der Mehrheit in der Gesellschaft heraus, die deshalb mit der Irrationalität der Verschwörungstheorien auch deren Ziele von vornherein ablehnt. So kommt es zur (mehrheitlichen) Akzeptanz der von der Regierung verfügten Regelungen (der Pandemie-Eindämmung), wie es eben mit der Lancierung der Verschwörungstheorien sehr wohl geplant worden ist. Die Verschwörungslüge funktioniert, ist insgesamt höchst erfolgreich – nicht zuletzt auch durch die beschriebene Gleichschaltung der professionellen Medien. Um dieses Funktionieren zu durchbrechen, ist der vorgeblichen Aufklärung der Verschwörungstheorien die tatsächliche, wahre Aufklärung über die Verschwörungslüge entgegenzusetzen. Nun können aber selbstverständlich die Verschwörungstheoretiker fragen, wieso ihre Aufklärung nur scheinbar sein soll, die der aufgedeckten Verschwörungslüge aber dagegen korrekt, vertrauenswürdig. Mit anderen Worten: Ist die These der Verschwörungslüge nicht vielleicht selbst eine Verschwörungstheorie? Beziehungsweise: Kann die These der Verschwörungslüge nachweisen, dass sie nicht selbst eine Verschwörungstheorie ist? Die Antwort lautet schlicht und einfach: Ja, kann sie. Denn die

Analyse hat oben als zentrales Merkmal für Verschwörungstheorien ja das Charakteristikum identifizieren können, dass es keine Fakten gibt, für die eine solche Theorie nicht gilt, die nicht als Beweis für die Theorie angesehen werden. Verschwörungstheorien kennen keine Fälle, für die sie nicht gelten. In Bezug auf die Verschwörungslüge würde das bedeuten: Es gibt keine Verschwörungstheorie, die nicht von Regierungsseite als solche lanciert, initiiert und ausgebaut worden ist. Genau diesen Fall kann man nun aber nachweisen und damit die These der Verschwörungslüge vom Vorwurf der Verschwörungstheorie freisprechen. Die Aufklärung über die Verschwörungslüge behauptet gerade nicht, dass alle Verschwörungstheorien künstlich geschaffen worden sind. Das Negativ-Beispiel, das völlig unabhängig von der Dynamik der Verschwörungslüge entstanden ist, heißt: QAnon!

Die Verschwörungstheorie QAnon zeichnet sich dabei durch besonders weitreichende und absonderliche inhaltliche Thesen aus. So wird ein ‚tiefer Staat' als geheimes Netzwerk unterhalb der sichtbaren Gesellschaftsstruktur angenommen, in dem es vor allem um Kinderhandel geht; um die Versklavung von Kindern, denen in geheimen Folterkellern das Stoffwechselprodukt Adrenochrom entzogen wird, um damit ewige Jugend zu erlangen. Selbstverständlich sind an diesem ‚deep state' jüdische Bankiers, liberale Demokraten und andere gesellschaftliche Gruppierungen beteiligt, die seit jeher als Sündenböcke für alle Arten von Problemen herhalten müssen. Besonderes Sendungsbewusstsein ist allerdings mit der Ausweitung dieser Gruppen verbunden, unter anderem mit der Behauptung, dass viele Hollywood-Stars pädophil seien bzw. dass die meisten US-Präsidenten seit dem zweiten Weltkrieg Marionetten dieses Untergrundnetzwerks gewesen sein müssen. Der aktuelle Bezug wird dadurch hergestellt, dass den QAnon-Anhängern der amtierende Präsident (Trump) als zentraler Kämpfer gegen den ‚tiefen Staat' gilt, als entscheidender Faktor im anstehenden Endkampf des Guten gegen das Böse. Die außerordentlich starke Wirkung und Verbreitung der QAnon-Verschwörungstheorie beruht allerdings neben diesen inhaltlichen Absonderlichkeiten vor allem auf der sektenartigen Struktur ihrer Organisation. Die Behauptungen des geheimnisvollen Enthüllers Q bleiben in der Regel vage, unzusammenhängend, kryptisch. Sie werden auf einer Internetplattform (vor allem 4chan) in unklaren, andeutungsvollen Bildern und Texten präsentiert. Die Folge ist, dass sich die Anhänger aktiv in der Dechiffrierung der nebulösen Botschaften engagieren und durch diese Aktivität immer weiter in den Bann der Verschwörungstheorie hineingezogen werden. Es resultiert ein besonders starkes Sendungsbewusstsein, ausgedrückt in der Bezeichnung ‚The Great Awakening‘, das bewusst die Parallelität zur selbstbefreienden Epoche der Aufklärung herstellt. Wobei ‚The Great Awakening‘ im Gegensatz zur Aufklärung aber gerade auch Gewaltbereitschaft umfasst – und in Bezug auf die Corona-Pandemie eine omnipräsente Teilnahme an Anti-Corona-Demonstrationen weltweit.

Für die Bewertung dieser Verschwörungstheorie ist in unserem Zusammenhang nicht das Wichtigste, dass man nachweisen kann, wie sehr hier klassische historische Legenden ausgeschlachtet und in ein modernes Gewand eingekleidet werden. Das gilt zum Beispiel für die jahrhundertalte Mär von jüdischen Ritualmorden an Kindern, die unter anderem bereits von Heinrich Heine in seinem Romanfragment ‚Der Rabbi von Bacharach‘ (1840) behandelt worden ist. Entscheidender ist, wer die geheimnisvolle Ursprungsperson der Verschwörungstheorie sein kann. Das Kürzel ‚Anon' in der Bezeichnung der Bewegung ist eine Abkürzung von ‚Anonymus', also ist und will Q anonym sein und bleiben. Das selbstgewählte Pseudonym ‚Q' wird zumeist als Anspielung auf die höchste Geheimhaltungsberechtigung (in den USA) verstanden. Es kann aber ebenso wahrscheinlich als Rückgriff auf eine Figur in der Star Trek-Serie gemeint sein, wo Q eine allmächtige Existenz aus einer anderen Dimension darstellt, der kein humanoides Wesen ist, sich aber in humaner Gestalt zeigen und mit den Menschen kommunizieren kann. Bezeichnend mag dabei auch sein, dass er zu unsinnigen, moralisch fragwürdigen Scherzen neigt. Es ist also nicht ausgeschlossen, dass QAnon seinerseits nichts anderes als ein satirisches Fake zur Ironisierung der heutigen Verschwörungsgläubigkeit ist. Naturgemäß gibt es auch ungehemmte Spekulationen über die Identität von Q – bis hin zu der Behauptung, dass Präsident Trump selbst hinter diesem Pseudonym stecke. Ernsthafte Recherchen haben jedoch die Quelle bis zu zwei Moderatoren des 4chan-Kanals zurückverfolgen können, die einige der auslösenden Botschaften an die auf YouTube tätige Influencerin Tracy Diaz gesandt haben. Diese hat dann schnell das darin liegende Aufmerksamkeitspotential erkannt und mit der Verbreitung dieser verschwörungstheoretischen Nachrichten erhebliche Summen verdient.

Auf jeden Fall kann man hier mit Sicherheit ausschließen, dass es sich um einen von offizieller Seite gedungenen Verschwörungstheoretiker handelt! Für die Verschwörungslüge waren und sind, wie durch die bisherigen Beispiele belegt, nur solche Personen geeignet, die neben einer individuellen Verschwörungshistorie vor allem auch scheinbare Expertise im Bereich ihrer Glaubensthesen aufweisen. Da das bei QAnon bewusst im Unklaren bleibt, ist diese Verschwörungstheorie also keinesfalls Teil der herausgearbeiteten Verschwörungslüge. Das bedeutet: Die These der von offiziellen Stellen in Gang gesetzten Verschwörungslüge ist selbst mitnichten eine Verschwörungstheorie, sondern jene Art von unverzichtbarer Aufklärung, durch die erst eine rationale und angemessene Antwort auf die Corona-Pandemie erreichbar wird!

Zum Ausblick:

Ein Beispiel, wie sie nicht funktioniert

Damit dürfte endgültig transparent sein, wie die Verschwörungslüge funktioniert: Man nehme bestimmte, zum Teil schon vorhandene verschwörungstheoretische Thesen, lasse sie durch gedungene Verschwörungstheoretiker ausarbeiten und über die sozialen Medien massiv verbreiten. Durch die irrationale Überzogenheit dieser Theorien wird die Mehrheit der Gesellschaft (einschließlich der klassischen Informationsmedien) so abgestoßen, dass sie in Form eines unwillkürlich kontrastiven Denkens die von der Regierung verfügten Regelungen zur Pandemie-Bewältigung fraglos akzeptiert und umsetzt. Diese Gleichschaltung verhindert letztlich eine rationale Diskussion über die Gefahren der Pandemie und die sinnvollsten Schritte im Umgang mit ihr. Eine solche Diskussion wird erst möglich sein, wenn sich die Kritiker der Pandemie-Regelungen von der Irrationalität der Verschwörungstheorien lösen und deren Verteidiger die teilweise dämonisierende Überbewertung des verschwörungstheoretischen Denkens aufgeben. Die konstruktive Konsequenz aus der Aufdeckung der Verschwörungslüge ist die Frage, wie das zu bewerkstelligen ist.

In Bezug auf die *Überwindung der Verschwörungstheorien* ergibt sich die Antwort praktisch direkt aus den vorhergehenden Analysen der wichtigsten derartigen Theorien, indem man folgende Überprüfungen anstellt:

- Sind die Proponenten der jeweiligen Theorie schon früher durch verschwörungstheoretische Thesen aufgefallen?
- Kann man bei diesen Vertretern ein besonders starkes Bedürfnis nach sozialer Aufmerksamkeit unterstellen?
- Verstehen sie sich als Elite (der Aufklärung), obwohl sie zugleich gegen jedwede Art von Eliten zu Felde ziehen?
- Können sie für das Gebiet, auf dem sie die höhere Wahrheit für sich beanspruchen, in der Tat ausreichende Expertise vorweisen?

- Behaupten sie, dass sie einen speziellen Zugang zu geheimen Quellen haben, den man nicht nachvollziehen kann?
- Sind die Informationen, die aus diesen Quellen stammen, überprüfbar bzw. vielleicht von anderer Seite bereits auf Herz und Nieren geprüft?
- Werden nur zur Theorie passende Daten herangezogen und nicht-passende unterdrückt bzw. wegerklärt?
- Werden fehlende Belege für die Verschwörungsthesen in paradoxer Weise gerade als Bestätigung dieser Thesen interpretiert?
- Gelten nur Personen, die der gleichen Überzeugung sind, als vertrauenswürdig?
- In grundsätzlicher Konsequenz: Gibt es überhaupt irgendeinen Punkt, an dem man sehen kann, dass die Theorie vielleicht nicht stimmt?

Wenn diese letzte, grundsätzliche Frage mit ‚Nein' zu beantworten ist, dann hat die Theorie also immer recht, das bedeutet aber: Sie ist eigentlich gar keine Theorie, sondern nichts als ein ideologischer Glaube, eine Verschwörung! Denn Theorien können sich ändern, lassen sich verbessern. Wenn eine Überzeugung aber ausschließlich aus einer Verschwörung besteht, dann bleibt als Reaktion darauf nur mehr die Alternative: entweder sich vollständig und mit Sendungsbewusstsein anschließen oder aber mit Vehemenz gegen diese Irrationalität aufstehen und das genaue Gegenteil vertreten. Diese ablehnende, vollständig konträre Haltung und Handlungsweise ist genau das, was die Verschwörungslüge anzielt. Die Verschwörungstheorien werden lanciert, ausgearbeitet und verbreitet, um mit dem Widerstand gegen sie die Akzeptanz der konträren Handlungen zu etablieren, die eine Beherrschung der Corona-Pandemie versprechen. Wie kann man sich aber nun dieser Dynamik der Verschwörungslüge entziehen?

Die Antwort ist auch hier: indem man eine rationale Diskussion und Argumentation aufrechthält. Das ist am ehesten möglich, wenn man sich die Mängel des durch die Verschwörungslüge ausgelösten kontrastiven Denkens deutlich macht. Es ist eine Form des Denkens, die im Prinzip vor allem darauf ausgerichtet ist, die unglaubliche Menge an Information zu bewältigen, die in jedem Moment auf uns einströmt. Deshalb haben wir auch bereits in der Sprache vorgeformt die vielen Gegensätze: warm – kalt, schön – hässlich, gut – böse etc. Diese Gegensätze sind für eine erste Orientierung im Informationsfluss durchaus nützlich, nicht aber für die Analyse von komplexen Problemen (wie es für eine Pandemie gilt und genauso für Verschwörungstheorien). Dann führt solch ein kontrastives Denken zu Schlussfehlern, die an der Realität und damit der Welt vorbeigehen, in der wir leben und die wir in unserem Leben bewältigen müssen. Kontrastives Denken, das nur zwei Kategorien kennt (argumentationstheoretisch: dichotomes Denken), ist reduktionistisch und dadurch irreführend. Beispiel: ‚Alles, was nicht schwarz ist, ist weiß'. Da fällt jedem auf, dass hier alle Farben dieser Welt (bzw. unserer Wahrnehmung) ausgeschlossen werden. Aber wenn es nicht um Wahrnehmungen, sondern komplexere, kompliziertere Gedanken geht, fällt die Beschränkung des dichotomen Denkens häufig sehr viel weniger auf bzw. geht in dem Vorteil der einfachen, klaren Strukturierung und Orientierung unter. So auch bei der Kontraposition gegen die Verschwörungstheorien. Die sind, wie dargestellt, irrational, unvernünftig. Aber das rechtfertigt nicht den Schluss: ‚Alles, was nicht Verschwörungstheorie ist, ist vernünftig.' Da wird die prinzipiell unbegrenzte Menge anderer Unvernünftigkeiten (die nicht verschwörungstheoretisch sind) ausgeschlossen. Und um die geht es bei der Diskussion über Pandemie-Regelungen gerade. Das dichotome Denken verhindert deren Diskussion auch noch durch einen zweiten Schlussfehler, der sicherlich nicht explizit, aber implizit emotional vollzogen wird: nämlich den Umkehrschluss. Es gibt offensichtliche Beispiele, bei denen jedem die Unzulässigkeit des Umkehrschlusses einleuchtet. Etwa: ‚Alle Kardinäle sind Katholiken. Und also sind alle Katholiken Kardinäle.‘ Natürlich unsinnig. Aber was ist mit: ‚Alle Verschwörungstheoretiker sind Anti-Corona-Protestierer. Und: Alle Anti-Corona-Protestierer sind Verschwörungstheoretiker.‘ Natürlich genauso unsinnig. Aber die Verschwörungslüge arbeitet mit der Wirksamkeit dieses emotionalen Umkehrschlusses – wobei das allerdings durch die Organisatoren von Anti-Corona-Demonstrationen auch erleichtert wird, indem sie sich nicht deutlich genug von den Verschwörungstheoretikern abgrenzen.

Verschwörungslüge und Verschwörungstheorie weisen aber aparterweise mit dem (logisch unzulässigen) Umkehrschluss durchaus eine interessante Übereinstimmung, eine Schnittmenge, auf. Bei der Verschwörungstheorie ist es lediglich eine andere

Variante, die sich auf das Fehlen von Daten, Belegen, Beweisen bezieht. Wie schon erwähnt, wird von Verschwörungstheoretikern das Fehlen von Beweisen zumeist als Indikator für die Richtigkeit der Theorie betrachtet, weil die Fakten ersichtlich unterdrückt worden seien – wofür aber außer diesem Glaubenssatz kein Beweis vorgelegt wird. Das Fehlen der Belege für die Unterdrückung zeigt also die Unterdrückung der fehlenden Belege! Das widerspricht dem logischen Grundsatz: ‚The absence of evidence is not the evidence of absence.' In (freier) deutscher Übersetzung: 'Dass es für etwas keinen Beweis gibt, ist nicht der Beweis dafür, dass es dieses Etwas nicht gibt.' So richtig es ist, diesen falschen Umkehrschluss der Verschwörungstheorien nicht mitzumachen, so unberechtigt ist es, sich unter Rückgriff auf z.B. wissenschaftliche Rationalität dagegen gefeit zu fühlen. Denn auch in der Wissenschaft kommen derartige Verzerrungen durchaus vor. Das paradigmatische Beispiel ist hier die sog. Reaktionsbildung in der Psychoanalyse. Das soll ein Abwehrmechanismus gegen unbewusste Triebbedürfnisse sein. So wird etwa unterstellt, dass ein Kind gegenüber dem jüngeren Geschwister aggressive Neid- und Hassgefühle hegt, weil das jüngere die Liebe der Mutter auf sich zieht. Wenn nun dieses ältere Kind gegenüber dem jüngeren Geschwister ein fürsorgliches Verhalten an den Tag legt, ist das lediglich dem Abwehrmechanismus geschuldet. Aus dem Fehlen des aggressiven Verhaltens kann man eindeutig auf das Vorhandensein der Aggressivität schließen! Die Psychoanalyse als Vorbild für Verschwörungstheoretiker!

Auf diesem höchsten Abstraktionsniveau der Argumentationsmuster gibt es noch ein zweites Beispiel, bei dem die Wissenschaft mit ungutem Beispiel vorangeht. Es handelt sich um die unberechtigt verallgemeinernde Überinterpretation von Prozessen, die aus Möglichkeiten Notwendigkeiten ableitet. Nach dem Motto: Wir können uns irren, also müssen wir uns irren. Bei der Diskussion um die Willensfreiheit des Menschen gibt es z.B. die Position, die die Freiheit des Willens für eine Illusion erklärt, weil sich der Mensch nicht selten über sich selbst täuscht. Also muss auch die Willensfreiheit, so der Schluss, eine Selbsttäuschung sein. Doch die Möglichkeit der Selbsttäuschung begründet nicht deren Notwendigkeit; das ist eine unzulässige Übergeneralisierung (Verallgemeinerung). Genau diese Überinterpretation stellt auch das Grundprinzip aller Verschwörungstheorien dar. Es könnte sein, dass da geheime Gesellschaften am Werke sind, also muss es auch so sein! Wenn man sich aus den Verzerrungen sowohl der Verschwörungstheorien als auch der Verschwörungslüge befreien will, muss man also deren drei zentrale, in die Irre führenden Argumentationsmuster überwinden: das dichotomisierende Schwarz-Weiß-Denken, die beiden Varianten des Umkehrschlusses und die Übergeneralisierung von Möglichkeiten in Richtung auf Notwendigkeiten. Damit wäre noch keine rationale Antwort auf das Problem der Pandemie gefunden, aber es wäre die Voraussetzung für eine rationale Diskussion geschaffen, indem die entscheidenden Kristallisationspunkte der irrationalen Diskussion eliminiert wären.

Dass dies erreichbar ist, scheint in der gegenwärtigen Situation auf den ersten Blick unwahrscheinlich, da die sozialen Medien die irrationalen Kommunikationsdynamiken ersichtlich vehement verstärken. Aber auf den zweiten Blick liegt gerade darin ein entscheidender Grund für Zuversicht. Denn die Digitalisierung der Kommunikation ist sicherlich die bedeutsamste mediale Entwicklung unserer Zeit. Es gilt aber für jede neue mediale Stufe, dass die Menschen zunächst vergleichsweise hilflos darauf reagieren. Als die Bilder sich im Film zu bewegen lernten, sind die Zuschauer in Panik aus dem Kino gestürzt, wenn sich eine Lokomotive (auf der Leinwand) auf sie zu bewegte. Erst im Laufe der Gewöhnung an das jeweils neue Medium werden auch die Kompetenzen zur dessen Verarbeitung entwickelt. Das gilt mit Sicherheit auch für die heutige digitale Kommunikation. Nicht umsonst verbreiten sich die Verschwörungstheorien ja insbesondere über die sozialen, digitalen Medien mit ihrer – noch – zu beobachtenden Tendenz zu irrationaler Diskussion. Je mehr sich die Kompetenzen auf dem Gebiet der medial-digitalen Kommunikation entwickeln, desto mehr wird die rationale Diskussion ohne verzerrende Argumentationsmuster eine Chance bekommen.

Wie könnte bzw. sollte nun aber eine solche rationale Diskussion der Pandemie-Situation von der Grundstruktur her konstruktiv aussehen? Zunächst einmal ist als Mindestvoraussetzung zu akzeptieren und zu berücksichtigen, dass es zwei relevante Dimensionen für eine Problemlösung gibt: die empirische Dimension der Beschreibung von Ursachen und Folgen, die man sowohl in Bezug auf die natürlichen Prozesse als auch auf die eingreifenden Handlungsstrategien der Menschen ins Kalkül einbeziehen muss; und zum anderen die Dimension der Wertungen bzw. Werte, die als Ziele und Rechtfertigungen hinter den Handlungen zur Bewältigung der Pandemie stehen. Bei diesen Werten handelt es sich wegen der extremen Gefährlichkeit einer Pandemie letztlich um grundlegende Menschenrechte, wobei die körperliche Gesundheit und Unversehrtheit als erstes thematisch ist. In wissenschaftlich-argumentationstheoretischer Sprechweise: Bei einer rationalen Diskussion der Pandemie-Problematik handelt es sich um deskriptiv-präskriptiv gemischte Satzsysteme (Deskription: Beschreibung der Ursachen und Folgen; Präskription: Wertungen in Form von Werthaltungen, Zielen, Normen). Auf beiden Dimensionen muss sich eine rationale Diskussion der Komplexität des Problems innerhalb der jeweiligen Ebene stellen, um schließlich auch die komplexe Beziehung der beiden Dimensionen untereinander zu strukturieren. Auf der deskriptiven Ebene ist oben als ein Hauptproblem des Umgangs mit Komplexität das sog. Präventionsparadox identifiziert worden. Es besteht in diesem Fall darin, dass die Maßnahmen, die gegen die Ausbreitung der Pandemie ergriffen werden, im Erfolgsfall die Entwicklung des Infektionsgeschehens (stark) eindämmen und deshalb bei oberflächlicher Betrachtung überflüssig erscheinen. Das ist das zentrale Problem der verschwörungstheoretischen Pandemie-Leugner.

Auf der Wertebene besteht das Hauptproblem bei der Bewältigung von Komplexität darin, dass eine Hierarchie von Werten erzwungen wird. Bei den hier thematischen Menschenrechten wird zumeist zwischen den bürgerlichen und politischen Rechten einerseits sowie den wirtschaftlichen, sozialen und kulturellen Rechten andererseits unterschieden. Die Beherrschung der Pandemie macht es unvermeidbar, dass man bestimmte Rechte als wichtiger einstuft im Vergleich zu anderen; oder andersherum formuliert: dass man bestimmte Rechte einschränkt zugunsten der als wichtiger angesetzten übergeordneten Rechte. Diese Hierarchiefrage ist der zentrale Streitpunkt zwischen den Regierungsstrategien und den Anti-Corona-Protesten. Für das regierungsseitige Handeln steht das Recht auf körperliche Unversehrtheit im Vordergrund, für die Protestierer sind es die Rechte der Meinungs-, Versammlungs- und Reisefreiheit. Neben diesen Vor- und Nachordnungen innerhalb des Teilbereichs der politisch-bürgerlichen Rechte sind aber auch noch die wirtschaftlich-kulturellen Rechte zu berücksichtigen, nicht zuletzt das Recht auf Bildung! Wie sehr die Priorisierung des Rechts auf Leben/Unversehrtheit das Recht auf Bildung gerade der jüngeren Generation einschränken kann, hat die Entwicklung der Pandemiestrategien und ihrer Folgen deutlich gezeigt.

Eine adäquate Antwort auf die komplexe Problematik einer Pandemie-Situation muss also die komplizierten Wechselwirkungen zwischen den empirischen Fakten und den theoretischen Wertperspektiven differenziert berücksichtigen. Letztlich kann man diesem Anspruch nur genügen, wenn man für alle relevanten Bereiche entsprechende Expertise einbezieht. So sehr bei einer globalen Krankheitsgefahr selbstverständlich Virologen und Epidemiologen die erste Anlaufstelle sind, sie dürfen nicht die einzigen bleiben. Im Konzert der Wissenschaften sind Wirtschaftswissenschaften, Pädagogik, Psychologie, Medienwissenschaft und nicht zuletzt auch Philosophie wegen der zentralen Wertungsfragen einzubeziehen. Gerade von der Politik wird immer die Interdisziplinarität der Forschung als Ratgeber in praktischen Fragen nachdrücklich eingefordert, aber bei der Pandemie als Nagelprobe ist diese Interdisziplinarität keineswegs ein- und umgesetzt worden. Im Prinzip stehen sich in der bisherigen Entwicklung zwei Notfallreaktionen gegenüber. Unter ‚Notfallreaktionen' versteht man in der Psychologie des Problemlösens Handlungen, die letztlich vor der Komplexität und Kompliziertheit einer Problemsituation kapitulieren, indem sie durch undifferenzierte ‚Haudrauf'-Methoden das eine erfolgreiche Durchschlagens des Gordischen Knotens versuchen. Das kann bei den miteinander vernetzten Komponenten komplexer Probleme nicht zu einer langfristig erfolgreichen Problemlösung führen. Verschwörungstheorien sind ein ‚schönes' Beispiel für solche Notfallreaktionen. Aber auch die nicht differenziert begründete und abgeleitete Hierarchisierung von (Menschen-)Rechten weist Merkmale einer solchen Notfallreaktion auf. Was not tut, ist die auch durch wissenschaftliche Expertise gestützte differenzierte Diskussion über die vernetzten Wechselwirkungen zwischen den zu gewichtenden gesellschaftlichen Werten und Gruppen. Wenn auf diese Weise die angestrebte Antwort der Komplexität und Kompliziertheit des zu lösenden Problems entspricht, braucht es schlussendlich auch keine Verschwörungstheorien oder Verschwörungslügen mehr!

QED

FSC
www.fsc.org
MIX
Papier | Fördert
gute Waldnutzung
FSC® C083411

Zeitfracht Medien GmbH
Ferdinand-Jühlke-Straße 7
99095 Erfurt, Deutschland
produktsicherheit@kolibri360.de